AF471883

HERMENEGILDO DE LA CAMPA

JUAN ANTONIO TORO

LA ESTRELLA DE LOS MAGOS

Granada, España, 2011

1ª Edición.

© Standard Copyright License.

LULUPRESS, Inc.

ISBN: 978-1-4710-2397-2

Algunas imágenes contenidas han sido descargadas de lugares de internet como Wikimedia y otras webs, en las que se indica que están libres de derechos. No obstante si alguna persona física o jurídica considera que se lesionan sus derechos, le rogamos nos lo comunique para proceder a retirarlas.

En la Portada: Adoracion de los Magos - Maestro von Meskirch - 1538.

A los recordados profesores Juan Leal y Antonio Due Rojo
que nos cultivaron el entusiasmo por los Evangelios.

A todos los niños que cada año mirarán con ilusión
la Estrella de los Magos

ÍNDICE

SUMMARIO IN INTERLINGUA

La revelation christian usa le astros con reiterate frequentia per que illes son apte per cantar le *Gloria de Deo* e per clarar un poc le mysterios luminose del Regno de Deo.

Post 1942 le Stella del Magos perdeva protagonismo inter les exegetas. Nos vole actualizar illo que on dice o on cognoce super le Stella del Magos nam illo ha augmentate su interesse e ha recuperate protagonismo.

Nos studia le texto grec original e le traductiones al linguas que ha cultivate plus le thema: le espaniol, le francese, le angles, le germano e le italian. Nos face un breve exegesis del texto del Evangelio de Maththeo, 2:1-10, explicante le terminos: *Magos, oriente,'eídomen (nos videva), èn tê anatolê (in le oriente), àstér (stella, astro).*

Nostre studio face, a partir de vinti seculos de elaboration del thema, un taxonomia e un presentation e critica del hypotheses pro explicar le Stella del Magos. Hypothese simple miraculo, e hytpotheses scientific: un coniunction de planetas, un cometa, un meteoro. Hypotheses que frecuentemente no exclude le miraculo.

Nos fini nostre studio con un valoration del hypotheses e explicationes e nos insinua quomo hodie le explication plus aceptate es que le paricopa es un *midrás*, un presentation del thema del Stella del Magos como un reinfortiamento de que Jesus, le nascite, es le plen e definitive Moises in cuje nascentia on verifica le eventos miraculose que ha essite verificate in le nescentia e in le vita de Moises.

Lege! si vole, le lector, e FELICE NATAL 2011 e BON ANNO 2012 CON SU STELLA.

Adoración de los Magos - Juan de Flandes 1508-19.

PRESENTACIÓN

Este pequeño estudio surge de un trabajo de investigación sobre la **Estrella de los Magos**, presentado como Tesina de Licenciatura en la Facultad de Teología de Granada, allá por el curso académico 1954-55. En el año 2009 se pensó darle un remozado y contribuir con él, como modesta aportación, al Año Internacional de la Astronomía, pero la puesta al día se ha demorado para incluir las nuevas ideas acerca de lo que pudo o puede ser la Estrella de Belén. Y lo que comenzó hace 57 años resucita ahora a la luz pública. Conste claro, lo que hoy publicamos es lo que hace medio siglo se estudió aunque actualizado, pero sin cambiar el espíritu inicial del estudio. Ya el profesor Juan Leal estaba convencido que la interpretación más coherente de la Estrella de los Magos era interpretar el texto evangélico como un *midrás*, o sea como un comentario que pretende enseñar y no como una realidad constatable, aunque no sean excluyentes.

Expliquemos un poco: **midrás** 'investigar, interpretar, explicar'. Del verbo hebreo *d-r-sh* 'buscar, escudriñar'. Era la investigación de un texto de la Biblia. No bastaba con traducir el texto hebreo al griego (era la traducción de los LXX) o al arameo (que era el *targum*), era necesario explicarlo.

El midrás es un tipo de escrito en que se practica el verbo *d-r-sh*. Había el *midrás 'halákico'*, que investigaba las escrituras con fines legales. *Halákico* viene del verbo *halak* 'marchar' y de ahí el sentido de *desarrollo normativo*. Tema apasionante para los judíos era qué estaba prohibido o permitido en sábado. Cuando Cristo pregunta *"¡Necios y ciegos! ¿Qué es más, el oro o el santuario que santifica el oro?"* (Mt 23, 17) está polemizando sobre un *midrás halákico*. Pero la vida religiosa de un judío no estaba sólo hecha de normas. Necesitaba relatar las acciones de Dios. El pueblo judío escribía unas narraciones con un cierto fondo histórico llenas de fe en la acción de Dios pero no exactamente históricas y se las denomina *midrás haggádico*.

Con este supuesto carácter midrásico de algunos pasajes de la infancia de Jesús en el Evangelio de Mateo se entienden mejor los textos. Por ejemplo, las comunidades cristianas de origen judío, a las cuales se dirige el evangelio de Mateo, presentan a **Jesús** como el **nuevo y definitivo Moisés** y aplican a Jesús todo lo que le aconteció a Moisés: cuando Moisés nace, está condenado a morir, es salvado milagrosamente estando en Egipto, en el Nilo. Cuando nace Jesús también intenta Herodes matarlo. Mediante la aparición de una estrella, unos Magos y un aviso en un sueño, Jesús es liberado portentosamente. La liberación de la muerte se realiza también en Egipto. Y después regresa, viene a Tierra Santa.

Francisco Bayeu y Subias 1791

INTRODUCCIÓN

La inocente Estrella de los Magos entraña una enmarañada serie de problemas. El texto evangélico Mt 1, 1-13 ha dejado sin aclarar infinidad de curiosidades: ¿Quiénes eran los Magos? ¿Cuál era su nombre? ¿Cuántos eran? ¿Fueron Reyes? ¿De dónde vinieron?

Pero hay otras preguntas que son las que ahora van a ser objeto de nuestra investigación. ¿Qué fenómeno astral es el que encaminó a los Magos hacia Jerusalén? ¿Se trataba de un fenómeno real o de una visión subjetiva producida directamente por Dios sin objeto externo? Si se trataba de un objeto real externo, ¿cuál era? ¿una estrella, una conjunción de astros, un cometa, un meteoro, un fenómeno hasta entonces desconocido?

Por sinceridad investigadora hacemos la siguiente confesión: en la elaboración del trabajo que presentamos no hemos sido siempre exhaustivos al estudiar los comentarios a Mateo o los estudios sobre el tema de la Estrella de los Magos. Por tanto presentamos nuestro trabajo como un modesto estudio, panorámico, en los puntos de vista, pero de ninguna manera como definitivamente acabado. Lo presentaríamos como un comienzo no como un final concluido. Como un medio de empezar a conocer y a amar el tema.

EL TEXTO EVANGÉLICO DE SAN MATEO 2, 1-12

Es el texto que vamos a estudiar. Nuestro exegeta español jesuita Juan Maldonado, el mejor exegeta del siglo XVI, nos enseñó a iniciar el estudio de un texto en su lengua original. No lo transcribimos aquí por la poca utilidad que desgraciadamente para el lector en general tiene el texto griego del *Nuevo Testamento Trilingüe, edición crítica de José María Bover y José O'Callaghan.* Biblioteca de Autores Cristianos, Madrid 1977. Creemos que es la edición más asequible al colectivo hispanohablante que desee leerlo en griego.

Nosotros no vamos a estudiar la perícopa completa sino únicamente los versículos que mencionan la estrella.

En un texto cualquiera suelen crearse problemas con las múltiples variantes existentes en la transmisión del texto. En nuestro texto no existen estos problemas ya que las variantes que se dan en este texto no se refieren a la estrella.

La palabra clave es *astér*, estrella.

LAS TRADUCCIONES

Empecemos curioseando algunas traducciones:

Traducciones españolas:

▸ El texto del capítulo 2, versículos 1-12, en la **traducción de Bover**, es el siguiente:

1 Nacido Jesús en Belén de Judea en los días de Herodes rey, he aquí que unos magos venidos de las regiones orientales llegaron a Jerusalén 2 diciendo: ¿Dónde está el rey de los judíos que nació? Pues vimos su estrella en el oriente, y venimos a adorarle. 3 Oído esto, el rey Herodes se turbó y toda Jerusalén con él. 4 Y convocados todos los jefes de los sacerdotes y los escribas del pueblo, se informó de ellos sobre dónde había de nacer el Mesías. 5 Y ellos le dijeron: en Belén de Judea, pues así está escrito por el profeta: 6 Y tú, Belén, tierra de Judá, de ningún modo eres la menor entre los príncipes de Judá; porque de ti saldrá un jefe que pastoreará a mi pueblo Israel. 7 Entonces Herodes habiendo llamado secretamente a los magos, se informó exactamente de ellos acerca del tiempo en que había aparecido la estrella; 8 y despachándoles a Belén, dijo: Id y tomad exacta información, acerca del niño; y cuando le hubiereis hallado dadme aviso, para que yo también vaya y le adore. 9 Ellos, oído lo que dijo el rey, se pusieron en camino; y de pronto la estrella que vieron en el oriente iba delante de ellos, hasta que llegando a donde estaba el niño se paró encima. 10 En viendo la estrella, ellos se alegraron con gozo sobremanera grande. 11 Y entrando en la casa vieron al niño con María, su madre, y postrándose en tierra le

adoraron; y abriendo sus tesoros le ofrecieron presentes, oro incienso y mirra. [12] Y avisados en sueños que no volviesen a Herodes, por otro camino se tornaron a su tierra.

▸ La **casi totalidad de las traducciones españolas**, las antiguas: Casiodoro de Reina (1569), Cipriano de Valera (1602); y las modernas: Nacar-Colunga, Cantera-Iglesias, *Biblia de Jerusalén, la Nueva Biblia Española* de Alonso Schökel-Mateos, *la Biblia Latinoamericana*, etc. traducen el vocablo astér por estrella.

▸ Sólo Luis Alonso Schökel en su ***Biblia del Peregrino*** traduce el vocablo griego siempre por astro.

Traducciones francesas:

(En estas traducciones, por brevedad, sólo transcribimos los versículos que se refieren a la estrella: 2, 7, 9 y 10.)

▸ Pirot-Buzy (1935):

[2]...Car nous avons vu son astre en orient... [7] Alors Hérode manda secrètement les mages, se fit préciser par eux le date de l'apparition de l'astre. [9] ...et voici que l'astre qu´ils avaient vu en Orient marchant devant eux, jusqu´ a ce qu´il vînt s´arrêter au-dessus de l´endroit oû etait le petit enfant. [10] A la vue de l´astre, ils éprouvérent une grande joie.

▸ Crampon (1939):

[2]...Car nous avons vu son astre en orient... [7] Alors Hérode manda secrètement les mages, se fit préciser par eux le date de l'apparition de l'astre. [9]...et l´etoile qu´ils avaient vu en Orient allait devant eux, jusqu´ a ce qu´elle vînt s´arrêter au-dessus du lieu oû se trouvait l´enfant. [10] A la vue de l´etoile, ils ressertirent une grande joie.

Traducción inglesa:

▸ The Authorized King James Version:

[2] Saying. Where is he that is born King of the Jews? For we have seen his star in the east, and are come to worship him... [7] Then Herod, when he had privily called the wise men, inquired of them diligently what time the star appeared... [9] When they had

heard the king, they departed; and, lo, the star, which they saw in the east, went before them, till it came and stood over where the young child was. [10] When they saw the star, they rejoiced with exceeding great joy.

Traducción italiana:

- Edizione ufficiale della CEI, 1974.

[2] Dov' è il re dei Giudei che è nato? Abbiamo visto sorgere la sua stella e siamo venuti per adorarlo... [7] Allora Erode, chiamati secretamente i Magi, si face dire con esattezza da loro il tempo in cui era apparsa la stella...[9] Udite le parole del re, essi partirono. Ed ecco la stella, que abbebano visto nel suo sorgere li precedeva, finché giunse e se firmò sopra il luogo dove si trovava il bambino. [10] Al vedere la stella, essi provarono una grandisima gioia.

Traducción alemana:

- Katholische Bibelanstalt, Stuttgart.

[2] und fragten: Wo ist der neugeborene König der Juden? Wir haben seinen Stern aufgehen sehen und sind gekommen, um ihm zu huldigen… [7] Danach rief Herodes die Sterndeuter heimlich zu sich und liess sich von ihnen genau sagen, wann der Sdtern er schienen war…[9] Nach diese Worten des Königs machten sie sich auf den Weg. Und der Stern den sie hatten aufgehen sehen, zog vor ihnen her bis zu dem Ort, wo das Kind war; dort blieb er stehen. [10] Als sie den Stern sahen, wurden sie von sehr grosser Freude erfullt.

EXÉGESIS DEL TEXTO

Antes de emprender el estudio directo de la Estrella de los Magos, intentaremos explicar los vocablos que, de algún modo, pueden aclarar la comprensión del término básico en nuestro estudio que es la Estrella.

MAGOS: El primer problema en relación con la Estrella es el significado de la palabra *mágoi*, pues el que fuesen peritos en astronomía condiciona no poco la interpretación que demos al pasaje de Mateo.

La palabra mago no tiene nada de semita sino que es indoeuropea. El étimo indoeuropeo *magh-* con la significación de 'tener poder' da a través del griego y del latín: mago, *magia*... De ahí provienen también las *meigas* 'las brujas' de Galicia. *Máquina* y *mecánica* empalman con este étimo. Hay diversidad de pareceres pero hoy es más probable que el étimo indoeuropeo *meg-* 'grande, ilustre' de donde proviene el griego *mégas*, el latino *magnus*, el sánscrito *maha* y el persa *magh* es un étimo independiente (Fillion, L.Cl. 1903: 310; Roberts, E.A. 1996:100, 103; Campa, H. 2009: máquina).

Mago designaba a los jefes religiosos de Persia. Después de la conquista de Babilonia por el persa Ciro en 538 aC., se dedicaron al estudio de la astronomía de entonces que era más bien astrología. Por eso se rodearon de una atmósfera de encantamiento, de magia. (Lagrange, M.J. 1933: 37-41)

Los Santos Padres vieron en los magos, casi unánimemente, honorables persas, todo lo contrario a "encantadores" de moralidad sospechosa. Así Clemente de Alejandría, Orígenes, Diodoro de Tarso, San Juan Crisóstomo, Cirilo de Alejandría, Juvencus, Prudencio, *El Evangelio Árabe de la Infancia*...

No sabemos el número exacto de los Reyes Magos. La tradición iconográfica que se cree más antigua es del siglo II y está en un arco de las catacumbas romanas de Priscila en Roma, en el que aparecen tres.

Capilla Griega. Catacumba de Priscila, Roma

En número de dos aparecen en las catacumbas de los Santos Pedro y Marcelino y en un relicario de plata de final del siglo IV, tres o cuatro están también presentes en otras representaciones en catacumbas, en los sarcófago de Adelfia y en el de Isacio y algunas otras representaciones murales, y se pueden encontrar hasta seis, ocho, y algunos mas.

Cripta de la Madonna. Catacumbas de los Santos Pedro y Marcelino, Roma.

Sarcófago de Adelfia (siglo IV), Siracusa.

La tradición continuada hasta la actualidad es de tres, coincidiendo con el número de regalos que llevaban al niño, y ya aparece de manera explícita reflejada por Orígenes, siendo refrendado dicho número por el Papa San León I el Magno en el siglo V, aunque en ritos siríacos y armenios son doce los Santos Reyes.

Respecto a sus nombres, a partir del siglo VI encontramos fuentes hablando de Melchor, Gaspar y Baltasar, como el apócrifo *Evangelio armenio de la infancia* y así aparecen en un mosaico de la iglesia de San Apolinar Nuovo, en Rávena (Italia). Cuando los persas invadieron el norte de Italia en el año 614 dC, se disponían a destruir la iglesia de Rávena, se cree que al entrar en ella, al ver las imágenes de la Adoración de los Reyes Magos, representados con pantalón y túnica persas, las interpretaron como símbolos sagrados suyos e indultaron la iglesia.

Sant Apollinare Nuovo, en Rávena (Italia).

En el siglo VII, San Beda el Venerable afirma que uno era de tez morena y poco a poco en la iconografía de los siglos siguientes, se fue reflejando, en los Reyes Magos, la presencia de las tres edades del hombre y de las distintas razas, incluyendo la raza negra.

Los que se cree, son sus restos, se custodian actualmente en Colonia, donde son muy venerados en la Catedral. El beato Papa Juan Pablo II en su visita a Alemania en 1980 al final de su discurso a universitarios y científicos hace una mención a ellos (Insegnamenti III, 2 1980, p 1211).

Poca certeza podemos obtener de la ciencia astronómica de los magos.

ORIENTE: Menos relación tiene con nuestro estudio la significación de la expresión griega *apó anatolôn* "de oriente". ¿Venían de Persia o de Arabia? Por lo primero está el ser Persia la patria originaria de los magos y el gorro frigio con que se los representaba en las pinturas primitivas. En pro de Arabia está el arabismo de los dones. Además, los judíos designaban a Arabia con el término Oriente. Los palestinos Justino y Epifanio se fundaron, tal vez, en alguna tradición local al afirmar la Arabia como país de origen.

eídomen, *vimos.* El verbo ver aquí está en aoristo y expresa un fenómeno que ya ha pasado. Este aoristo da a Lesetre un indicio para suponer que vieron en Oriente la Estrella pero que la dejaron de ver durante el trayecto Oriente-Jerusalén.

en tê anatolê, *en el oriente.* Esta expresión puede tener varias interpretaciones:

> 1ª, "mientras estábamos en Oriente vimos su estrella";
>
> 2ª, "el punto cardinal": el este, la situación del astro al ser visto;
>
> 3ª, con sentido temporal: "en el orto de la estrella". Pero se trataría de una expresión con más significado que el exclusivamente astronómico. Recordemos la especial significación que tenía el nacimiento de un astro en la astrología.

A Lagrange no le satisface el primer sentido pues para designar su país debería el texto emplear el plural, *apó anatolôn, de las regiones orientales*, como en el versículo 1. No es verosímil el cambio de número gramatical conservando el mismo significado.

La 3ª interpretación tampoco le satisface. La aparición de la estrella debería decirse: *ep' anatoles (autou)* "desde su orto". Además si lo que los Magos hubieran querido significar era la aparición de la estrella y su conexión con el nacimiento del Niño, extraña que los Magos no preguntasen la fecha del orto de la estrella y su posible relación con el nacimiento del Niño. Y todavía Lagrange afina más su pensamiento: si el versículo 9 repite la misma expresión y según Lagrange el texto queda más claro si se interpreta "en el punto cardinal este", excluyendo la significación "el orto de la estrella", es más probable que todas las veces que aparece esta expresión significa "en el punto cardinal este" (Lagrange, M.J. 27-31).

astér: La diversidad de hipótesis formuladas para explicar la Estrella de los Magos radica en que Mateo describe el pasaje con términos generales. La clave del problema es fijar con precisión el significado del vocablo griego astér.

Para aclararnos nos dirigimos al Lexicon de Zorell. En él nos informamos que en el Nuevo Testamento se emplean dos vocablos:

- *astér, astéros, ó,* sustantivo masculino, y lo traduce al latín *stella*, estrella, y aparece en Mt 2, 2; 2, 7; 2, 9; 2,10; 24, 29, en Mc 13, 25; tres veces en las cartas y catorce veces en el Apocalipsis. En total veintitrés veces. (Guerra Gómez, M. 1971: 68)
- *ástron, ástrou, to*, sustantivo neutro, y distingue dos significaciones:
    - *plerumque sidus ex compluribus stellis constans* (y las más de las veces, astro constituido por varias estrellas), Lc 21, 25; Hch 7, 43; 27, 20,
    - *raro stella*, Hch 7, 43.

Como en nuestro relato de Mateo se emplea *astér* en 2, 2; 2, 7; 2, 9 y 2, 10 podemos inclinarnos a que se trata de una verdadera estrella.

Schmoller que a *astér* y *ástron*, en general, les atribuye la ambivalencia de *stella* y *sidus*, en nuestro texto de Mateo, traduce como *stella.* (Schmoller, 1973).

¿Cuándo apareció la estrella? En el texto no consta. Se dice que Herodes se informó de los Magos pero ignoramos la respuesta. Otra pregunta es: ¿cuándo partieron de su país los Magos? Maldonado responde:

"Algunos dicen que dos años antes del nacimiento de Cristo, fundándose asimismo en el v.16: *de dos años abajo, según el tiempo que oyera de los Magos;*....pero a mí me parece increíble que los Magos tardaran dos años en el viaje... En nuestro tiempo Magallanes en sólo dos años...dio con una nave sólo la vuelta a todo el Mundo". (Maldonado, J. 1950: 147-148).

Y ¿cuándo llegaron a Jerusalén? La palabra *techtheìs*, nacido, parece indicar el nacido hace unas semanas, unos meses, y con dificultad un espacio superior a un año.

El historiador Eusebio afirma que los Magos llegaron dos años después del nacimiento de Cristo y para esa afirmación se funda en el versículo 16: *Entonces, Herodes, viéndose burlado por los magos, se enfureció y mandó matar a todos los niños menores de dos años de Belén y sus alrededores; según el tiempo que había averiguado por los magos*. (*Biblia de Jerusalén*).

También san Epifanio hace la misma afirmación. La opinión de Maldonado sosteniendo que llegaron a los trece días del nacimiento hoy nos parece ingenua pues se basa en la ordenación litúrgica de las fiestas: Navidad y Epifanía.

Algunos opinan que los Magos no veían la estrella durante su viaje a Jerusalén y se basan en "[9] De pronto, el astro que habían visto surgir, avanzaba ante ellos hasta detenerse sobre el lugar donde estaba el niño. [10] Al ver el astro, se llenaron de gozo intenso."

Los santos Ambrosio, Juan Crisóstomo, Basilio, Agustín y Bernardo; y Teofilacto... creen que la desaparición de la estrella se refiere al tiempo que los Magos estuvieron en Jerusalén.

Los Reyes Magos ante Herodes, Salterio de Ingeburga de Dinamarca.

EL PROBLEMA DE LA ESTRELLA DE LOS MAGOS

Un estudio serio y exhaustivo del problema de la Estrella de los Magos exigiría recorrer cronológicamente todos los comentarios y estudios al tema. Desde los Santos Padres que tratan de él hasta la actualidad.

Tendríamos que hacer también una taxonomía de todas las hipótesis formuladas. Nosotros, dado que redactamos un modesto estudio, nos limitamos a presentar una sucinta presentación de los autores estudiados.

LAS HIPÓTESIS

HIPÓTESIS MERO MILAGRO

El relato evangélico, Mt 2, 1-12, más bien explica la aparición de la Estrella como un fenómeno totalmente milagroso, extraordinario, fuera del curso natural de los astros. No se detiene en considerar si este milagro consiste en impresionar la retina de los Magos sin objeto externo correspondiente o diversamente el fenómeno existe en realidad y consiste en la aparición en el cielo de una nueva estrella.

Ésta es la interpretación de San Ignacio de Antioquía: "Brilló en el cielo un astro más resplandeciente que los otros astros. Su luz era inexplicable y su novedad produjo extrañeza. Y todos los demás astros, juntamente con el sol y la luna, hicieron coro a esta nueva estrella; pero ella, con su luz, los sobrepujaba a todos. Sorprendiéronse las gentes preguntándose de dónde pudiera venir aquella novedad tan distinta de las demás estrellas". (Padres Apostólicos, 458).

Estas afirmaciones deben ser interpretadas con su poquito de sentido metafórico pero son típicas, y por eso las transcribimos, para evidenciar un pensamiento: la estrella de los magos es un fenómeno totalmente milagroso e inexplicable por ninguno de los acontecimientos naturales que después vamos a describir.

Esta es la posición de los que piensan: si los milagros no se reservan para el nacimiento de Cristo ¿para cuándo se deja? Nos parece una posición un poco cómoda.

A veces este pensamiento ha llegado a la leyenda como puede verse en la "devota" literatura apócrifa evangélica: Evangelio Árabe de la Infancia, 7; Protoevangelio de Santiago, 21; Pseudo Mateo, 13, 7... En el Evangelio Árabe, se cuenta que el pañal que regaló la Virgen a los Magos fue arrojado al fuego y no se consumió. (Los Evangelio Apócrifos, 1975: 314).

Los que defienden la explicación mero milagro la refuerzan con una prueba negativa: con ninguna hipótesis de contenido científico se explica que los Magos viesen la Estrella en oriente, la volviesen a ver al salir de Jerusalén, los guiase hacia Belén y se parase encima de la casa de Jesús. Ahora bien, preguntamos: ¿ese fenómeno totalmente milagroso tiene realidad objetiva o no? Si Dios impresiona sin objeto externo, estamos totalmente ante un milagro.

El autor del Libro de los Milagros de la Sagrada Escritura afirma: la Estrella era el Espíritu Santo, el cual, así como después del bautismo de Jesús, apareció en forma de paloma, así ahora, en forma de estrella, descendió para anunciar a Jesucristo.

Otros como Teofilacto creen que fue un ángel en forma de estrella, pues a los ángeles se les llama estrellas en el Apocalipsis, 1, 20 (Maldonado, J. 1950: I, 120).

Por el contrario, si admitimos que la Estrella de los Magos es un verdadero milagro, pero lo que ven los Magos es una realidad objetiva, preguntamos: ¿cuál es?

San Gregorio Niseno opina que la Estrella fue una de tantas, como en el cielo brillan, que descendió a hacer el oficio de guía con los Magos. Otros autores piensan que no se trata de una estrella sino de un fenómeno parecido. Así Crisóstomo, Basilio, Ambrosio, Agustín, Fulgencio y el Autor del Libro de los Milagros de la Sagrada Escritura. Maldonado, de quien tomamos estos datos, preguntado sobre qué fue la Estrella de los Magos, responde: *Plerique alli cometam fuiste dicunt. Ego aut cometam aut Angelum dixerim*. [Otros muchos dicen que fue un cometa. Yo que un cometa o un ángel.] (Maldonado, J. 1950: I, 120).

HIPÓTESIS CIENTÍFICAS

La división, que vamos a presentar, de las hipótesis elaboradas para explicar la Estrella de los Magos no es del todo claramente excluyente y diferenciada. Nosotros las dividimos en hipótesis mero milagro e hipótesis científicas. Pero, dentro de las hipótesis científicas, hay muchos autores que admiten el milagro. Más aún, hay para quienes lo principal es el milagro, y el fenómeno natural lo presentan como el cauce por donde discurre el milagro. Esto lo comprobaremos especialmente en la hipótesis del meteoro. Aunque esta división no sea del todo adecuada creemos que tiene un cierto valor aclaratorio.

Sabemos por varios escritos que los antiguos atribuían a cada pueblo a un signo zodiacal concreto. El de Piscis, en particular, se adjudicaba al pueblo hebreo (vg. Abarbanel refiere este hecho). La mayoría de autores a partir de Kepler, asumen que dicho suceso prodigioso debió ocurrir, por tanto, en la constelación de Piscis como indicador de un nacimiento regio o de un hecho de gran importancia para el pueblo judío, y valoran como elemento posiblemente confirmador el hecho que a Jesucristo se le representa frecuentemente mediante la figura de un pez. Esa concatenación de Jesucristo con un pez y consecuentemente con la constelación de *Piscis,* creemos que carece de valor serio, pues sabemos el origen de dicha asociación. A Cristo se le representaba con un pez, porque una cristología básica y elemental lo describía con cinco vocablos, como JESÚS, CRISTO, DIOS, HIJO y SALVADOR. Poniendo esas cinco palabras en griego y uniendo solamente la primera letra de cada palabra, sale IXTHYS *(o ICTUS*), es decir un acróstico que significa pez. Era una cristología también de tiempos difíciles, con un poco de estilo oculto y para iniciados, con la cual designaban a Cristo en un ambiente de cierta persecución y misterio.

Las explicaciones científicas consistentes a la Estrella de los Magos son varias: una nueva estrella, una conjunción de planetas, un cometa, un meteoro y algunas otras.

1ª HIPÓTESIS: UNA NUEVA ESTRELLA, UNA NOVA O UNA SUPERNOVA.

Hay autores que pretenden explicar la Estrella de los Magos como un fenómeno natural, aunque dispuesto por Dios como señal anunciadora del nacimiento de Jesús.

En 1572 se observó una nueva estrella que los astrónomos denominaron Estrella Bethlemítica porque algunos, entre los cuales destacaba el calvinista Teodoro Beza (1534-1583), opinaban que la Estrella de los magos era o aquella estrella entonces aparecida en

1572 o una estrella semejante a ésa. Alguien opinó que la estrella aparecida en 1572 anunciaba la segunda venida de Cristo como la de los Magos anunció la primera.

Estas "nuevas" estrellas son lo que actualmente se conocen como *novas* y *supernovas*. Parece que ha nacido una nueva estrella porque el brillo de una estrella aumenta de forma espectacular haciéndose visible, a veces, incluso de día. Son estrellas que explotan liberando en el espacio parte de su material. Una *nova* es una estrella que aumenta enormemente su brillo de forma súbita y después palidece lentamente, pero puede continuar existiendo durante cierto tiempo. Una *supernova* también, pero la explosión destruye o altera grandemente la estrella.

Las *supernovas* son mucho más raras que las *novas*. Dado que la explosión provoca una gran emisión gaseosa de partículas, con los medios actuales (telescopios, radio-telescopios,...), es posible observar estos restos o "remanente" de ella aunque pasen cientos de años. Por ejemplo, astrónomos chinos observaron una estrella tan brillante, visible durante el día, en el año 1054 y Tycho Brahe observó otra *supernova* en 1572 con características similares. Los 'remanentes' de dichas *supernovas* pueden observarse hoy día. En el caso de la observada por los astrónomos chinos en 1054, es lo que hoy conocemos como la *Nebulosa del Cangrejo* o *M1* situada en la constelación de Tauro y visible con pequeños telescopios. La observada por Tycho es ahora la radiofuente *B Cas* de Casiopea, y para localizar ésta última se necesitan instrumentos especiales.

Se tiene constancia de una nova observada, durante unos 70 días, en el 5 aC., la cual fue registrada por astrólogos chinos y coreanos al sur de la *Constelación de Águila* (Clark, Parkinson y Stephenson, 1977). El objeto sería visible al amanecer en el Este. Hughes cree que la traducción desde el griego original del evangelio de San Mateo tiene un posible error debido a una sutil diferencia de las palabras y por tanto, en lugar de leerse *en el oriente (este),* ha de leerse *en la primera luz del alba*. Para estos investigadores la estrella de Belén debía ser una nova que apareció en el año 5 a.C. y que fue visible, durante el alba, en el Este, entre las constelaciones del *Águila* y *Capricornio*. Conforme pasase el tiempo estas constelaciones se harían visibles durante más tiempo, antes de que saliera el Sol. De esta manera y progresivamente, en unos tres meses, el objeto podría ser visible desde la medianoche en el Sur, en lugar del Este, explicando de esta manera la situación de la estrella vista sobre Belén desde Jerusalén. No hay que olvidar que su situación estaría fuera de la constelación de *Piscis*, que es la preferida por una mayoría de autores.

Kepler en el siglo XVII ya anticipa la hipótesis de una posible *supernova*, pero no existe "remanente" de dicha explosión donde, debiera haberse producido para sustentarla.

Arthur C. Clarke recoge esta hipótesis en su relato de ciencia-ficción *La Estrella (The Star)* publicado en la revista Infinity en 1955 y con el que ganaría el Premio Hugo el año siguiente.

2ª HIPÓTESIS: CONJUNCIÓN DE PLANETAS Y OTROS FENÓMENOS PLANETARIOS.

Conjunción de Júpiter y Saturno:

El día 10, octubre, 1604, en la constelación de *Serpentario*, ahora conocida como *Ophiuco*, aparece una nueva estrella cerca de los planetas Júpiter y Marte. Estos astros el día anterior han estado en conjunción, casi en el mismo punto del espacio. Además, poco antes de esta conjunción, había precedido otra de Júpiter y Saturno.

Los nuevos astros aparecidos en 1572 y 1604 indujeron a Johannes Kepler (1571-1630), el continuador de Tycho Brahe, a estudiar científicamente el problema de la *Estrella de los Magos*. Pensó que se podría explicar por un fenómeno similar al de 1604. Este fenómeno fue el siguiente: el año 7 aC tuvo lugar una conjunción de Júpiter con Saturno, la cual puso en expectación a los Magos. Después aparece una nueva estrella en el signo de *Piscis*, semejante a la de 1604 "dempta huius inmobilitate et altitudine" [excluyendo su inmovilidad y altitud] (Kepler, 1606 a: 134; 1606 b: 208).

Esta hipótesis ha tenido, en el transcurso de la historia, sus partidarios e impugnadores. En 1821 la expone el obispo protestante de Dinamarca Federico Münster y el astrónomo Lod. Ideler en 1826. Autores protestantes y católicos se adhieren a esta explicación y en 1922 Osvaldo Gerhardt publica la obra fundamental *Der Stern des Messias*, Leipzig. Buzy la cree ya fuera de moda en 1935, pero en 1941 Gerardo Hartmann, S.I. la vuelve a proponer.

Desde agosto de 1940 a febrero del 41, por tres veces, Júpiter y Saturno entraron en conjunción y casi exactamente como sucedió en 7 aC, es decir, por el tiempo en que Jesús hipotéticamente nacía en Belén. Este acontecimiento suscitó de nuevo el insoluble problema de la estrella de los magos. El 19, enero, 1941, en el Pontificio Instituto Bíblico de Roma, U. Holzmeiner, S.I. tenía una conferencia sobre el tema (1942: 93, I, 9-22).

Durante las décadas de los 70 y 80, es Isaac Asimov el gran divulgador mundial de esta y otras hipótesis con su ensayo "La Estrella de Belén" y aunque sea su hipótesis preferida, él prefiere no decantarse por ningún fenómeno en concreto.

Para la exposición de la hipótesis de la conjunción necesitamos, en primer lugar, una descripción del fenómeno astronómico. En segundo lugar estudiaremos el aspecto astrológico, o sea, cómo de la contemplación de la conjunción pudieron llegar los Magos al conocimiento de un recién nacido rey de los judíos. Por último nos detendremos en la posibilidad de coordinar el texto evangélico con el fenómeno de la conjunción. Esto último nos llevará a un breve estudio exegético.

El fenómeno astronómico. ¿En qué consiste una conjunción de Júpiter con Saturno?

Júpiter: Este gigante del Sistema Solar con un volumen 1310 veces mayor que el de la Tierra, distinguible a simple vista como los planetas por la falta de titileo, es, después de Venus, el planeta más brillante que se conoce. La observación de Júpiter no se halla, como la de Venus, limitada a unas horas antes del orto y después del ocaso del Sol. Puede efectuarse durante toda la noche y en una gran parte del año. La distancia de Júpiter a la Tierra varía de 600 millones de kilómetros en la posición más cercana a 960 millones en la más alejada. La duración de su revolución sideral, lo que en nuestro planeta es un año, es de 11 años y 86 días; la duración de la revolución sinódica, lo que en la Tierra es un día, es de 399 días.

Saturno: Es el más lejano de todos los planetas conocidos en la antigüedad. Aparece como una estrella de primera magnitud de color amarillento. El sistema de anillos que rodea el planeta no es visible a simple vista. Su distancia a la Tierra oscila entre 1200 y 1650 millones de kilómetros. La duración de la revolución sideral es de 29'5 años. La de su revolución sinódica es de 378 días.

Para comprender el fenómeno de la conjunción conviene tener presente el doble movimiento de los astros, el real y el aparente. El movimiento real de un planeta se debe a las distintas posiciones que toma con relación al Sol, centro del Sistema Planetario. El movimiento aparente es el que, por ejemplo, nos hace afirmar, cuando viajamos en tren, que los árboles se mueven mientras nosotros permanecemos quietos.

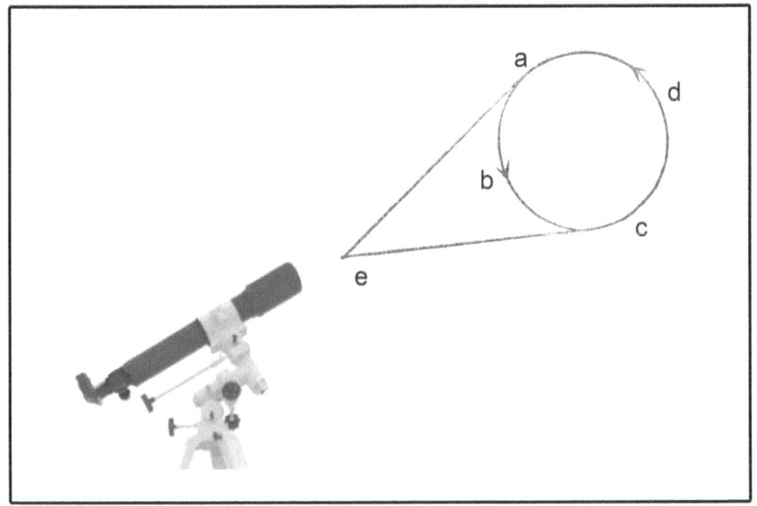

Supongamos un cuerpo que se mueve por la circunferencia abc con movimiento uniforme (*fig. sup*). Para el observador, situado en **e**, el movimiento es aparentemente mucho más veloz cuando el cuerpo pasa por los puntos **b** y **c** que cuando lo hace por los **a** y **c**. Más aún, al pasar por estos puntos juzgará que el cuerpo está parado. Lo mismo acontece desde la Tierra cuando contemplamos la marcha de algún planeta.

Pero la Tierra está también en movimiento. Por tanto, para nosotros, el movimiento de Júpiter y Saturno se nos presenta como si caminasen por una curva que es la resultante del movimiento real del planeta y del movimiento, en parte opuesto, de la Tierra. El planeta, durante el periodo de su visibilidad, aparentemente, describe una curva **abac** que se obtiene combinando el movimiento real y el aparente del planeta (*fig. siguiente*). Los trazos **ab** y **cd** indican la dirección propia del planeta. La parte **bc** de la línea, que se diría una inversión del movimiento del planeta, se debe al movimiento retrógrado de la Tierra en el segundo hemiciclo de su órbita.

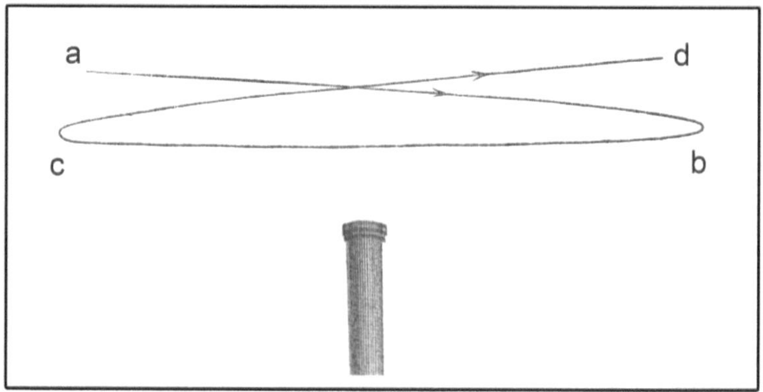

Téngase en cuenta, además, que la órbita de Júpiter, con relación a la de Saturno, es mayor ya porque tiene más velocidad, ya porque es más cercana a nosotros. A esta órbita de tres trazos se debe el que cuando dos planetas se encuentran en la misma región del cielo pueden aproximarse no sólo una vez sino repetir la conjunción dos o tres veces. Para que esto se verifique es necesario que el menos veloz –en nuestro caso Saturno– preceda al principio al más veloz, Júpiter. Éste ha sido el caso de Júpiter y Saturno en los años en que se ha observado la triple conjunción.

Para hablar con exactitud, conste que, en la posición de mayor acercamiento, Júpiter y Saturno estaban separados por la distancia de un grado, equivalente al doble de la anchura de la Luna llena. Así se pudo observar el 15, agosto, 1940.

Osvaldo Gerhardt ha calculado la posición de los dos planetas desde abril del año 9 aC hasta abril del año 1 aC. Con una periodicidad de diez días (Gerhardt, 1922: 63-94). Tenemos que Júpiter y Saturno entraron en conjunción en el signo de Piscis: por tres veces el veloz Júpiter alcanza al lento Saturno. El primer encuentro se realiza el 28, mayo del 747 aUC (ab Urbe Condita) = 7 aC. La mínima distancia fue de cerca de un grado. Llegan después a ser visiblemente estacionarios, Júpiter por seis semanas y Saturno por algo más. A continuación emprenden la marcha en sentido contrario. Ahora bien, como Saturno tiene una velocidad más pequeña su sentido contrario lo comienza antes y va delante pero seguido del más veloz Júpiter que acabará por coincidir con él el 3 de octubre. Después se vuelven a repetir las mismas condiciones: una aparente detención, Saturno que vuelve antes por la brevedad de su órbita y Júpiter con su mayor velocidad persiguiéndolo hasta que lo alcanza y tiene lugar la tercera conjunción el 4 de diciembre. Júpiter a continuación se destaca siendo precisos 20 años hasta que acontezca una nueva simple conjunción. En la *figura siguiente* podemos comprobar lo expuesto.

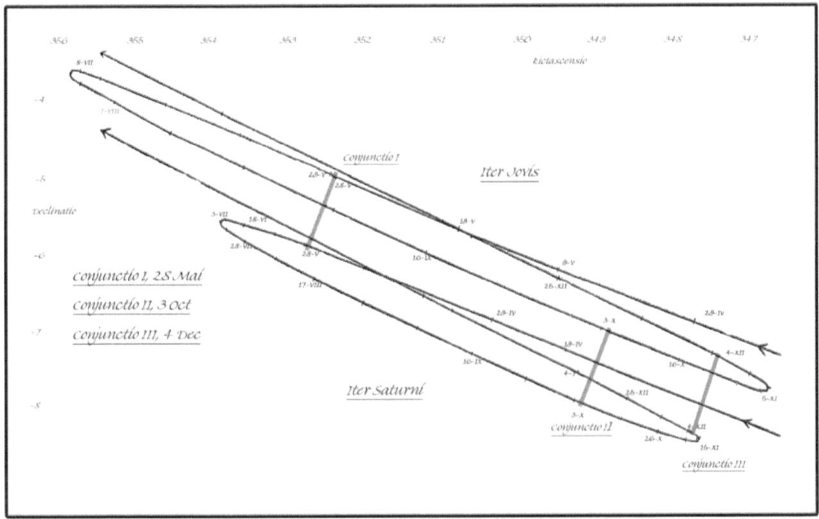

Este es el fenómeno astronómico acontecido en 1940-41 y en el año 7 aC.

Aspecto astrológico de la conjunción de planetas. Si admitimos la explicación de una conjunción de planetas para la Estrella de los Magos, podemos preguntarnos ¿pudieron los Magos deducir de la conjunción del año 7 aC el nacimiento de un rey de los judíos?

Los Magos llegaron a la conclusión que había nacido un rey o bien por una inspiración interior o bien por una serie de acontecimientos naturales. La primera suposición no es privativa de la hipótesis de la conjunción de Júpiter y Saturno. Estudiemos la segunda suposición: ¿pudieron los Magos a partir de la conjunción conocer no milagrosamente el nacimiento del rey de los judíos?

Ante todo, consta por un texto cuneiforme procedente de Sippar, donde florecía una célebre escuela astronómica, que los babilonios conocieron una conjunción en el signo de *Piscis* en el año 350 de la Era de los Seleucitas, o sea, el 7-6 aC. Como comentamos en páginas anteriores, sabemos también que los antiguos atribuían los signos del Zodíaco a los distintos pueblos, y el de *Piscis*, en particular, se asignaba al pueblo hebreo. Los babilonios sostenían que Saturno es la estrella de Amurru, es decir, del occidente y que Amurru mantiene relación especial con la constelación de *Piscis.* Con todo, no hay ningún documento explícito que consigne Piscis al pueblo hebreo. Se sabe también que ningún efecto particular era atribuido en la astrología de Babilonia a una conjunción semejante. Algunos autores han incluso propuesto distintas constelaciones como Leo en referencia al "león de Judá", Virgo por el nacimiento virginal, etc.,... todas hermosas, pero no por ello ciertas o más ciertas unas que las otras.

Sin embargo tenemos este hecho histórico: en 1463 dC, se da una simple conjunción de Júpiter y Saturno en el signo de Piscis y el culto y bíblico judío portugués Rabbí Isaac Abarbanel (1437-1508) discurre de esta manea: Cuando una misma conjunción se repite en el mismo signo del Zodíaco se llama fuerte y tiene un periodo de 2860 años. En la primera conjunción por él considerada, en 1396-5 aC, nace Abraham; en la repetición, en 1464 dC nacerá el Mesías. (Abarbanel, 1687: 83-90).

Abarbanel fue combatido por sus mismos correligionarios. Además su teoría es demasiado posterior y artificiosa para dar luz a la explicación de la Estrella de los Magos. No hay pues un texto exacto y determinado sino sólo un gran número de alusiones vagas de que en el Oriente existía la persuasión astrológica de relacionar la conjunción de Júpiter y Saturno con el nacimiento de un rey. Juntamente con estos indicios astrológicos que no pasan de tenues probabilidades, tiene más fundamento la opinión de los pueblos orientales relacionando la aparición de una estrella con el comienzo de una nueva era humana.

Igualmente es fundada la sentencia que afirma que los Magos tuvieron noticia de Balaam que profetizaba, como sabemos por el libro de los Números: "Algo veo, pero no es para hoy; a alguien diviso, pero no de cerca: de Jacob se alza una estrella, un bastón de mando surge de Israel" (Num 24, 17). Prescindamos ahora de los problemas exegéticos de esta profecía y a quién anunciaba esa estrella. Que los Magos tuvieron noticia de ella resulta problemático pero lo creen Justino, Orígenes, Eusebio, Jerónimo (2002: 27-32)... Esto es más probable si recordamos que las ideas mesiánicas de los judíos tuvieron quizá resonancia incluso en Roma como consta por Suetonio (IV) Tácito (V, 13). Rechazamos como improbable el texto de Publio Virgilio (70-19 aC), en la Égloga IV anunciando al Mesías. De todas estas opiniones nos informa, J.M. (1942: 23).

Aspecto exegético: Ahora bien, el aspecto exegético lo formulamos en esta pregunta: ¿toda esa construcción científica se puede compaginar con el relato evangélico? Los Magos hablan, v. 2: "Hemos visto su estrella en el oriente". Hablan pues de una estrella, astér, que sólo forzadamente puede significar una constelación o grupo de estrellas. Para significar ésta, la lengua griega tiene el vocablo propio, ástron.

La misma alegría grande de los magos, al volver a ver la estrella, no favorece mucho la hipótesis de la conjunción, pues se insinúa que sólo vieron la estrella en Oriente y no durante el viaje. Si se tratase de una conjunción no se podría afirmar que de pronto aparece y de pronto deja de verse.

Mucho más definitivo, por más exigente, es el v. 9. En él se hacen cuatro afirmaciones: 1ª, que fue la estrella que vieron en el oriente, 2ª, que les precedía hasta que llegaron al sitio donde estaba el recién nacido, 3ª que se paró, y 4ª, encima de donde estaba el niño. Pero analicemos estas cuatro afirmaciones:

La 1ª no tiene complicación,

La 2ª les precedía hasta que llegó: en su sentido obvio esto nos habla de un movimiento continuo, como el de los Magos, hacia Belén. No faltan quienes quieran explicar naturalmente esta afirmación: cuando voy de noche hacia el norte, la estrella Polar va aparentemente delante de mí, siempre a la misma distancia. Algo así sucedería con la conjunción de Júpiter y Saturno para el que caminase hacia Belén (Hontheim, 1907: II, 119, III, 37). A lo cual fácilmente podemos responder: es inadmisible que los Magos, peritos en la materia, cayeran en este vulgar error de profanos. Así además la Estrella perdería todo su sentido milagroso y dejaría sin explicar el gran gozo de los magos. Añadamos que la conjunción no debía aparecer sobre Belén sino sobre el monte Hebrón.

La 3ª, 'se paró': en cuanto a la extraordinaria parada de la Estrella, recordemos el periodo estacionario de los planetas, explicado ya en el fenómeno de una conjunción, y que los Magos pudieron interpretar como señal de punto de llegada. Así pues, la primera indicación del texto evangélico, la estrella iba delante de ello, la interpretan como el movimiento de Júpiter que va delante, que precede a Saturno; y la segunda indicación, hasta que llegó y se paró encima de donde estaba el Niño, se explica como el hecho de que Júpiter ha llegado a ser estacionario (Steinmetzer, 1913: 107 f). Ferrari D'Occhieppo propone el fenómeno de la "Luz Zodiacal" para apoyar el texto evangélico.

Fácilmente objetaremos que o se trata del movimiento aparente o del movimiento real. En el primer caso, la trayectoria sería de oriente a occidente, o de occidente a oriente en el caso de retrogresión planetaria, y no de norte a sur como tenía que ser de Jerusalén a Belén, según el texto evangélico. En la segunda hipótesis, o sea, si se trata del cese del movimiento real, la explicación del hecho no puede darse en un par de horas, sino en varios días y semanas. El cambio de posición de cualquier planeta es inapreciable en un tiempo breve.

Juicios sobre la opinión de que fue una conjunción de planetas. Sólo nos queda que hagamos un breve recuento de los juicios emitidos por astrónomos y exegetas sobre la probabilidad de la tesis de que se trataba de una conjunción de planetas en conformidad con el relato evangélico.

Holzmeister (1942: 20) hace un recuento de los astrónomos empezando por Kepler. Fue éste el inventor de la hipótesis de la conjunción de Júpiter y Saturno. Sin embargo él, como bien había aprendido de su maestro Tycho de Brahe, abandona la conjunción y sostiene que la explicación hay que buscarla en una nueva Estrella sobrenatural, expresamente producida por Dios. Así Hagen, Walter Maunder, F.S. Kugler, Carlos Schoch, Schaumberger.

Concordes con los astrónomos están los comentadores de la Sagrada Escritura. Ya San Juan Crisóstomo había expuesto lo singular y extraordinario de las condiciones de la Estrella (1955:

102-114; Comm.in S. Mathth. 6, 2, PG 57, 64s). Muchos estudios exegéticos sobre ese pasaje de Mateo son desfavorables a la hipótesis de la conjunción. Citemos con Holzmeister los de Innitzer, Mader, M.J. Lagrange, Buzy. Éste es el sentir de gran parte de los exegetas modernos, no obstante el desconocimiento actual sobre la naturaleza de la Estrella de los Magos. Para Buzy, esta hipótesis largo tiempo de moda, está anticuada y juzgándola con dureza concluía, que la estrella de los Magos no coincidía con la conjunción ni por el nombre, ni por el fenómeno ni por las funciones (Buzy, 1935: 13).

Otros investigadores astronómicos con posterioridad, como K. Ferrari d'Occhieppo, hacen resurgir nuevamente la hipótesis de la conjunción Jupiter-Saturno, pero no como un fenómeno aislado o único, sino apoyado por otros fenómenos como la Luz Zodiacal. Éste último, tras datos encontrados en el Papiro Bodmer V, junto con D. Hughes, poco después, datan la fecha del posible nacimiento de Cristo en la tarde del día 15 de septiembre del 7 aC.

Otras conjunciones y fenómenos planetarios:

Algunos autores han propuesto a lo largo de los siglos, que algunos planetas en concreto (basta recordar que tales fueron considerados estrellas durante mucho tiempo), como Venus, o Mercurio, que viéndose mas brillantes de lo habitual, pudiesen ser la base de lo referido en el texto del evangelista S. Mateo. Se nos hace difícil creer que unos sabios se pusiesen en marcha debido a un fenómeno que es fácilmente reconocible desde la antigüedad, incluso por gente no formada, por lo que descartamos tales ideas.

También algunas observaciones de conjunciones de Venus con Jupiter o de Júpiter con Marte ya indicadas por Kepler, y algunas recientes similares o de Regulo con Júpiter en la Constelación de Leo (Martin, E., 1996) algo mas recientes, ofrecen bastantes dudas y controversias sobre las fechas posibles del nacimiento del Jesucristo y en especial de la muerte de Herodes.

Si queremos traer en este apartado una reciente hipótesis del astrónomo Michael R. Molnar. Las investigaciones de Molnar se basan en la forma como se conmemoraba el nacimiento de los reyes en la antigua Roma. Unas monedas romanas celebran este evento con la aparición de Júpiter (una estrella para los sabios de la época) sobre la constelación del nuevo rey. Una casualidad le hizo adquirir una antigua moneda en la que aparece una estrella y la imagen de un cordero. Molnar, que refiere el Tetrabiblos de Ptolomeo, llega a encontrar que la constelación de Aries, el carnero, controlaba a los pueblos de "Judea, Idumea, Samaria, Palestina y Siria Coele" (tierras gobernadas por Herodes), luego en la antigüedad el cordero era atribuido, como símbolo, al judaísmo.

Moneda romana de la Colección Molnar.

Su datación de la moneda sobre el siglo 6 aC, hecha por los romanos de Antioquía con motivo de la investidura de Herodes como gobernador de Judea le lleva a unir ese hecho a la presencia de Júpiter (realeza) en conjunción con la Luna en el Este de la constelación de Aries (el cordero). Mediante los modernos programas de simulación de la posición planetaria observa que esta situación ocurrió el 17 de abril del 6 AC. Además de Júpiter y la Luna en Aries se encontraban en dicha constelación el Sol y Saturno. Una doble ocultación de Jupiter tras la Luna mas la aparente situación estacionaria posterior podrían explicar lo relatado en Mateo.

Basta recordar la historia de Moisés y como la sangré de los corderos marcaron y protegieron la vida de los judíos en la noche de Pascua o bien releer en el *Cuarto canto del Siervo* "...como cordero llevado al matadero…" del libro del profeta Isaías, para sentir cierta simpatía por esta hipótesis. No obstante existen detractores de esta hipótesis, pues al ocurrir estos fenómenos cerca del Sol, estiman que sería difícilmente visible por personas sin un telescopio relativamente potente y se duda que Los Magos dispusieran de esa tecnología.

Las ocultaciones y eclipses de planetas entre sí o con la Luna son bastante frecuentes, pero Molnar da razonadas explicaciones y referencias a predicciones astrológicas referidas a Nerón y relatadas por Suetonio, que reafirman su hipótesis.

3ª HIPÓTESIS: UN COMETA

Hay quienes han querido explicar la Estrella de los Magos como un cometa y como tal aparece en algunas imágenes pintadas por Giotto di Bondone, que seguramente fue un observador directo del cometa Halley allá por el año 1301.

Adoración de los Magos - Giotto di Bondone 1304-06

Los cometas: Por la etimología: cometa viene del griego kométes "melenudo", compuesto de kóme "cabellera" más el sufijo –tes. Es un astro peludo, es un astro seguido de una ráfaga luminosa a manera de cabellera. Ya Aristóteles en su Meteorología los estudia (I, 6). Es un astro que pertenece al sistema planetario solar y se distingue a su vez de las estrellas y de los planetas. Los cometas pueden ser muy bellos. Algunos han sido tan brillantes como Venus y visibles a pleno día.

Habitualmente verifican únicamente una sola aparición en el cielo y permanecen visibles varias semanas o varios meses. Los que tienen la órbita parabólica, la mayoría, o hiperbólica, pocos, no vuelven a verse jamás. Los hay con la órbita elíptica, como los planetas, y éstos son periódicos.

Entre los más célebres tenemos el cometa Halley que debe su nombre al astrónomo inglés (1656-1742) que lo descubrió en 1682. Su periodo de rotación es de unos 76'3 años. Este cometa apareció en 1682, 1759, 1835, 1910 y lo pudimos ver en 1986 y aparecerá de nuevo en 2062. Según los cálculos de Halley se dejó ver en el año 741 ó 742 aUC que corresponde al año 12 ó 11 aC. He aquí la órbita del cometa Halley:

Su aparición en 1910 puso de moda la hipótesis de que este cometa fuese la Estrella de los Magos. Ya Orígenes pensó en un cometa pero de naturaleza totalmente extraordinaria (Orígenes, Contra Celso, 1, 58, PG 11, 768 B). De la misma manera opinó Patrizi (1852-1853: 331-339.).

Partidarios de la teoría del cometa Halley fueron Fred. Westberg (1911: 46-49), A. Stentzel (1913: 197 ss.), L. Peserico (1920: 79), G. Bedeus von Scharberg (1928: 67-70, 77 s., 186). Mas recientemente la expuso A. Argentieri, y el profesor Giustino Boson la ha aceptado en su *Vita de N. S. Gesu Cristo*. (Más información en Kellner, K.A.H, 1908: 250-252).

Ahora bien, ¿qué probabilidad tiene la Estrella de los Magos de ser un cometa y en particular el cometa Halley? Buzy nos dice que poca, según el parecer de los exegetas modernos. Fundamenta su parecer en las siguientes razones:

1ª, Un cometa se ve durante todas las noches de su aparición. La Estrella de los Magos se vio en oriente y casi cierto se dejó de ver hasta la salida de los Magos de Jerusalén.

2ª, Un cometa sólo se ve de noche. Los Magos abandonan Jerusalén de día y entonces ven la Estrella. Nosotros opinamos que la tajante exclusión que Buzy hace de la hipótesis de un cometa no es tan concluyente: aunque no sea lo normal un cometa puede verse también de día y además el que los Magos emprendiesen la marcha a Belén de día no puede probarse con fundamento ni por el relato evangélico ni por las costumbres de su época.

3ª, Un cometa no se traslada tan rápidamente que pueda servir de guía a unos viajeros. La Estrella guiaba a los Magos y según la fuerza del original iba delante.

4ª, Un cometa sigue su trayectoria de oriente a occidente, o de occidente a oriente, como el cometa Halley. Los Magos llevan su itinerario de Jerusalén a Belén que es aproximadamente de Norte a Suroeste.

5ª, Un cometa permanece muy alto en el cielo, en la región estelar. La Estrella guiaba a los Magos y les indica el punto concreto de una casa determinada, hechos imposibles para un astro que se mueve en la zona estelar.

Buzy que, como vemos, se muestra poco satisfecho con esta hipótesis tuvo la rica experiencia vivida de haber contemplado el cometa Halley el 10 de mayo de 1910 a las tres de la madrugada, mientras hacía el recorrido de Jericó al Jordán. Nos dice: "Nosotros avanzamos pero el cometa parecía no moverse. No es que el cometa pareciese que nos guiaba a través de los senderos cubiertos de matorrales y molestos de este país" (Buzy y Pirot, 1935: 14. *La traducción del texto francés es nuestra*).

Otra razón en contra del cometa Halley es la fecha de su aparición, 741 aUC = 12-11 aC. La fecha más probable para el nacimiento de Jesús será 748 aUC = 5 aC. Lo más que podremos conceder es que el nacimiento de Cristo oscila entre el 746 y el 750 aUC. Pero la fecha 741-742 es insostenible históricamente.

La objeción de que un cometa era signo de presagio siniestro y por tanto inepto para anunciar la buena nueva del nacimiento de Jesús no tiene valor probativo, pues en la literatura antigua también la aparición de un cometa la asociaban al nacimiento de un gran personaje.

Lagrange se muestra simpatizante con la hipótesis de un cometa, aunque el de Halley no lo puede admitir por lo anticipado de la fecha de aparición. Opina que un cometa semejante fuese probablemente la Estrella de los Magos (Lagrange, M.J., 1942: 229-230).

4ª HIPÓTESIS: UN METEORO

La cuarta explicación científica es no ya una explicación astronómica como las anteriores, sino meteorológica. Se ha querido explicar la Estrella de los Magos como si fuese un meteoro que hubiese tenido lugar en la atmósfera terrestre.

El vocablo **meteoro** resulta equívoco. En su acepción más general designa los fenómenos que son tema de estudio de la meteorología. Vayamos al Diccionario Académico. Meteoro (del latín *meteoros*, y éste del griego *metéoros*, elevado en el aire). Fenómeno atmosférico que puede ser aéreo, como los vientos; acuoso, como la lluvia o la nieve; luminoso como el arco iris, el parhelio o la paraselene; y eléctrico como el rayo y el fuego de Santelmo. En las ediciones anteriores añadía: y de origen no bien conocido como el aerolito. Pero generalmente se llaman meteoros, en una acepción más restringida, a una especie del género meteoro, es decir, a los fenómenos luminosos que se producen al pasar por nuestra atmósfera un meteorito, aerolito, bólido o estrella errante. (Cuatro nombres que designan lo mismo). El vocablo **aerolito** tiene una etimología de origen erróneo, pues se creían que venían del aire, de la atmósfera.

Hoy se suele reservar el vocablo **meteorito** para el cuerpo que produce un fenómeno luminoso que se denomina meteoro. Los meteoritos son unos cuerpos sólidos, generalmente muy pequeños, que recorren el espacio en todas direcciones con velocidad de varias decenas de kilómetros por segundo. La masa de los meteoritos es extremadamente variable. A partir de unos miligramos producen luminosidades visibles a simple vista. Se llama habitualmente **bólido** a un meteorito especialmente brillante. Los meteoritos, a veces, aparecen en gran número y como si llegasen de una región determinada del cielo llamada el radiante. Este radiante es independiente de la posición del observador. Los principales enjambres de meteoros llevan el nombre de la constelación en que se halla su radiante. Vuelven periódicamente todos los años. Los más importantes son: los *Leónidas*, los *Líridas*, los *Perseidas*, los *Acuáridas*.

Testimónios en pro de la hipótesis meteoro: Sobre esta hipótesis, que se presenta poco elaborada científicamente, tenemos los siguientes testimonios:

Lesetre (1897-1931, después de quedarse insatisfecho ante las demás explicaciones científicas, afirma que todas las condiciones impuestas por el texto evangélico pueden ser satisfechas por un simple meteoro, aunque milagroso y suscitado por Dios al efecto.

Según **Buzy** la única explicación plausible a la Estrella de los Magos es suponer que se trata de un meteoro móvil y transitorio formado expresamente para servir de guía a los Magos, como la columna luminosa que precedía a los judíos por el desierto (Num 9:15-23). La naturaleza de este fenómeno no podemos precisarla. Mateo la llamo *astér*, meteoro, astro. Con este meteoro milagroso que, por lo demás, Buzy quiere asemejar al resplandor que vieron los pastores en el nacimiento de Jesús, el relato mateano tiene una explicación satisfactoria (Buzy, D. y Pirot, L. 1935: 14).

Buzy atribuye esta explicación a los Santos Padres y a muchos autores contemporáneos. Entre los primeros, ciertamente es la opinión de San Justino, San Juan Crisóstomo, y del *Testamento de los Doce Patriarcas*.

Entre los autores modernos citemos a **José María Bover**:"El movimiento de norte a sur, desde Jerusalén a Belén, que luego el evangelista atribuye a la Estrella, sólo en la tercera hipótesis (la de un meteoro luminoso) tiene adecuada explicación" (1946: 53).

A. Fernández Truyols: "Precisamente por esta nueva aparición, su movimiento desde Jerusalén a Belén y su detención sobre la casa donde estaba Jesús, tenemos por preferible la tercera hipótesis (un meteoro especial que no se movía conforme a las leyes naturales), única en que cabe dar solución satisfactoria de dichas circunstancias" (1954: 63).

Antonio Due Rojo también se inclina a esta explicación: "Ha de considerarse, por consiguiente, como más verosímil, la teoría fundada en un fenómeno meteorológico, en una luminosidad de carácter térmico o eléctrico, cuyo resplandor llamase la atención de los Magos, como cosa ajena al curso normal de lo que estaban acostumbrados a observar, y que por estar a una altura semejante a la de las nubes, pudiera en verdad precederles en su breve jornada de Jerusalén a Belén, en dirección Norte a Sur, enteramente opuesta al curso aparente de todos los astros, que se mueven Oeste a Este o en circunstancias poco frecuentes, de Oeste a Este en la retrogresión planetaria. De esta manera la sobrenaturalidad de la vocación de los Magos radicaría más principalmente en el hecho externo, conforme al texto evangélico y al sentido tradicional admitido (1942: 190-191).

L. Cl. Fillion también afirma que el texto evangélico favorece esta sentencia. Con todo, como el relato de Mateo no incluye necesariamente el milagro, respeta cualquiera de las interpretaciones científicas dadas (1921: 1, 314).

Podríamos multiplicar las citas de simpatizantes hasta la actualidad, con la hipótesis de una repetición de bólidos, un tanto particular, observada a finales del siglo en Inglaterra y que propone el divulgador astronómico británico **Patrick Moore** como explicación del meteoro, pero no avanzaríamos en una más profunda explicación del fenómeno. Los autores no la hacen.

Como hemos podido ver, los defensores de esta hipótesis la admiten contando con el milagro, aunque no aporten la concreción de ese milagro. Esta hipótesis que la hemos situado entre las explicaciones científicas, es sin embargo una síntesis, después de tesis y antítesis, entre las dos sentencias opuestas, y quizá unilaterales, del puro milagro y de la explicación meramente científica.

5ª OTRAS HIPÓTESIS.

Hemos encontrado diversas interpretaciones al fenómeno que podríamos llamar cuanto menos "curiosas" en especial las referidas a vehículos extraterrestres y otras un poco menos, pero quizás anecdóticas.

Quizás quede en ese apartado nombrar aquellas un poco mas serias y principalmente aquellas que son la unión o sucesión de varias de las hipótesis anteriores.

Rayos Globulares: También llamados Globos Luminosos son un fenómeno eléctrico que se produce en las partes más bajas de la atmósfera y desconocidos en gran parte. Pueden tener diversas formas pero son a menudo esféricos. Su duración varía entre unos segundos, o en la mayoría, un par de minutos. Se mueven de forma impredecible en cuanto velocidad y dirección, pudiendo convertirse en estacionarios. Son buenos candidatos para explicar algunas palabras del texto de Mateo pero no como fenómenos únicos (Crudele, M.)

Estrellas variables: Sabemos que algunas estrellas tienen alteraciones en su brillo de manera cíclica con periodos en ocasiones de años, alternando periodos de baja o normal luminosidad con otros en los que su brillo aumenta varias ves pasando de ser inapreciables a ser claramente visibles y que podrían ser la causa de que visualmente apareciese una nueva estrella. **Sigismondi** propone que la estrella que pudo haber aparecido es Mira Ceti junto con alguna posible conjunción planetaria. **Crudele** también hace referencia a esta hipótesis

Sucesión de fenómenos: Otros astrónomos como Mark Kidger disponen de una hipótesis un tanto abierta y no centrada en un planeta o acontecimiento concreto, sino en una sucesión de varios.

Su hipótesis establece que primeramente la conjunción planetaria del año 7 aC de Júpiter y Saturno en la constelación de Piscis, habría llamado poderosamente la atención a los Reyes Magos. Posteriormente, en el año 6 aC, Júpiter, Marte y Saturno se agruparon muy cerca entre ellos en una zona del cielo reducida (aunque no se trata de ninguna conjunción) en la constelación de

Piscis. Aunque el suceso no tuviese nada de especial, los Reyes Magos podrían ya estar alertados, así que con una menor señal, podrían haber iniciado la partida. Esta señal se completaría con la nova del año 5 aC la cual se mantendría visible durante más de 70 días, tiempo suficiente para que los Reyes Magos llegaran a ver a Jesús. Para **Kidger**, la Estrella de Belén es una sucesión de acontecimientos astronómicos sucedidos durante algunos años.

CONCLUSIONES

Hemos expuesto la Estrella de los Magos, a la medida de nuestras posibilidades y con el fin de que el tema se conozca más, y se reciba con más fe a Jesús Salvador que nace para darnos la salvación y la felicidad eterna. Es un tema que no está resuelto ni satisfactoria ni definitivamente. Se ha estudiado, se ha discutido y se seguirá opinando sobre él. Cada año en nuestra liturgia, reaparece el texto evangélico y tenemos una oportunidad de recordar, compartir, gozar en común y profundizar nuestra fe.

Sólo nos resta lanzar una mirada global a lo que hemos expuesto y ayudar al lector a sacar conclusiones:

PRIMERA CONCLUSIÓN: Ninguna hipótesis es cierta. Todas tienen un deseo de búsqueda y un punto de reflexión.

SEGUNDA CONLUSIÓN: *Novas*, *supernovas* u otros fenómenos estelares, por si solos, no ofrecen datos de ser ciertas.

TERCERA CONCLUSIÓN: La hipótesis del cometa Halley es absolutamente rechazable por el año de su aparición.

CUARTA CONCLUSIÓN: Un simple meteoro, sin comportamiento milagroso, como los que fugazmente cruzan nuestro cielo, tampoco puede admitirse como motivo para el viaje de los Magos y como fiel contenido de la narración de Mateo.

QUINTA CONCLUSIÓN: Ni las hipótesis de apariciones de novas y similares, ni la conjunción de Júpiter y Saturno, ni la del cometa Halley satisfacen al relato evangélico, no explican una estrella vista en oriente, probablemente dejada de ver, de nuevo vista, que precede a los Magos, que les indica el camino y la casa donde estaba Jesús. Las que quieren explicar dicho fenómeno mediante nuevas hipótesis o la unión de otras no ofrecen tampoco garantía de certeza y algunas presentan graves incongruencias en cuanto a fechas mas aceptadas del nacimiento de Jesús.

SEXTA CONCLUSIÓN: Tendríamos, pues, que recurrir al milagro, aunque explícitamente no se afirme en el Evangelio. Esta es la opinión de la mayoría de los exegetas católicos.

SÉPTIMA CONCLUSIÓN: Los Magos vieron algo y supusieron que se trataba de algo objetivo, real. Es posible que lo interpretaran como lo que hoy llamamos un meteorito: un fenómeno luminoso, en las capas atmosféricas que pudiese guiar a unos viajeros, lo suficientemente bajo para que indicase un lugar determinado y con tal originalidad que llamase la atención de los Magos. Sin embargo, todo lo que haya que suplir con una inspiración interior hace violencia al texto que parece indicar que la causa del viaje y de la adoración es exclusivamente una estrella. Además un observador no culto astronómicamente que contempla un meteorito exclama: "una estrella que se mueve". Esta manera sencilla de hablar puede explicar que Mateo, en su pretendida popular y no científica descripción de la experiencia de los Magos, pudiese emplear la palabra *astér* para designar un meteorito. Ni meteoro ni meteorito son vocablos recurrentes en el lenguaje evangélico.

OCTAVA CONCLUSIÓN: Honradamente, a pesar de todo lo expuesto, no se puede negar que una estrella, un cometa, o una conjunción de planetas, comportándose milagrosamente y con un proceder distinto al normal, pudiese satisfacer el relato evangélico. Pero, en ese caso, ya no se trataría de una conjunción de Júpiter con Saturno, tal cual, por ejemplo, ni del cometa Halley, tal como debieron comportarse.

NOVENA CONCLUSIÓN. Fuera ya de todo lo estudiado y comentado, la exégesis hoy más prevalente es que el relato mateano no tiene porqué ser un hecho histórico que se pueda explicar científicamente, sino que debemos entenderlo como un *midrás*. Todo lo que aconteció a Moisés acontece a Jesús, el nuevo y definitivo Moisés, el Hijo de Dios Padre. Mateo se dirige a judíos. Cuando nace Cristo acontece de manera eminente lo que aconteció cuando nace Moisés, se produce una gran conmoción, intentan matarlo, es salvado milagrosamente, viene de Egipto a la Tierra Santa...

Alguno de nosotros hemos visto ya o quizá veremos pronto, una luminaria, una luz, una guía que nos atrae; y al igual que a los Reyes Magos, nos lleva a la verdadera Luz, al verdadero Camino, a la Verdad y la Vida.

Fray Juan Bautista Maino -1581

BIBLIOGRAFÍA UTILIZADA O SELECCIONADA

1. ESTUDIOS SOBRE LA ESTRELLA DE LOS MAGOS O ESTUDIOS QUE LA INVESTIGAN

ABARBANEL, RABBI ISAAC (1437-1508), reimpreso en *Fons salutis,* (1687).

ABENESRA, A. (1092-1169), In Danielem.

BEN CHIJA, ABRAHAM, *Mysterium redemptionis*. (Códice Vaticano).

ALBRIGHT, W.F., The oracles of Balaam, *Journal of Biblical Litterature.* 63, (1944), 207-233.

ABEDENS VON SCHARBERG, G., *Die Chronologie des Lebens Jesu.* Hermanstadt (1928).

ASIMOV, I., *La estrella de Belen y otros ensayos científicos*, Ed. Bruguera, Barcelona (1979).

BAUER, J.B., *Evangelienforschung*. Graz, (1968).

BEYSCHLAG, W., *Lebens Jesu,* Vol I y II, Halle A.S., Strien (1893).

BEZA, THEODORE, *Nuevo Testamento griego*, (1550).

BOLL, F. Der Stern des Weisen, *Zeits. F. Neutest. Wissenschaft* 18, (1917), 40-48.

BOSON, G., *Il libro della fede - L'antico testamento, Il nuovo testamento, Vita di n. S. Gesu Cristo, Gli apostoli,* Padova, (1941).

CLARK, D, PARKINSON, J., STEPHENSON, F., An Astronomical Re-appraisal of the Star of Bethlehem. A Nova in 5 B.C., *Quarterly Journal of the Royal Astronomical Society* 18 (1977), pp. 443-449.

CLARK, D, STEPHENSON, R., *The Historical Supernovae*, Pergamon Press, Oxford (1977).

CRAMPON, A. *La Sainte Bible*. Traduction d'après les textes originaux par le Chanoine A. Crampon. Paris, (1939).

CRUDELE, M. - *Star of Bethlehem,* [en linea] <www.disf.org/en/Voci/35.asp> (INTERS – Interdisciplinary Encyclopedia of Religion and Science, edited by G. Tanzella-Nitti, P. Larrey and A. Strumia, <www.inters.or>). [Consultado en mayo-2011].

DIETERICH, A., Die Wessen aus dem Morgenlande, *Zeits. F. Neutest. Wissenschaft*, (1902) 9-14.

DUE ROJO, A., *El poder de Dios y la Ciencia*. Granada, (1942).

EUSEBIO DE CESAREA, *Historia Eclesiástica. I-II* Texto, versión española, introducción y notas por Argimiro Velas Delgado. Madrid. PG CXXXVI/1, (1973).

EVANGELIOS APÓCRIFOS (LOS) Colección de textos griegos y latinos, versión crítica, estudios introductorios y comentarios por Aurelio de Santos Otero. Especialmente el Evangelio Árabe de la Infancia, Madrid, (1975).

FERNÁNDEZ TRUYOLS, A. *Vida de Nuestro Señor Jesucristo*. Madrid, (1954).

FERRARI D'OCCHIEPPO, K. - The Star of Bethlehem, *Quarterly Journal of the Royal Astronomical Society*, 19, (1978), pp. 517-520.

FILLION, L. CL., *Vida de Cristo*, Madrid, (1966).

GERHARDT, O., *Der Stern des Messias*. Leipzig. (1922)

HAGEN, G. G., La Stella Magorum, *Revista de Astronomia*, 5, (1911), 74-77.

HARTMANN, G., Das astronomische Ereignis 1940-41 und der Stern des Weisse. *Stimen der Zeit,* 138, (1941), 234-238.

HEINNIG, R., *Das Geburts- und Todesjahr Christi*, Essen, (1938).

HOFFMANN, J.G.H., *La vie de Jesus e le Jesus de l'histoire*, Paris, (1947).

HOLZMEISTER, U. *Chronologia vitae Christi*, Roma, (1933).

- La Stella dei Magi, *Civiltà Catolica*, 93, (1942), 9-22. Este artículo es un breve resumen de una conferencia con proyecciones tenida el 19, enero, 1941 en el Pontificio Instituto Bíblico de Roma.

HUGHES, D., The Star of Bethlehem, *Nature* 264 (1976), pp. 513-517;

IDELER, L., *Handbuch der mathematischen und technischen Chronologie*, Berlin, (1826).

INNITZER, T., *Kommentar zur Leidens- und Verklärungsgeschichte Jesu Christi*, Wien, (1948).

KEHRER, H., *Die heiligen drei Könige in Literatur und Kunst*, Leipzig (1908-9).

KELLNER, K.A.H., *Jesus vom Nazareth und seine Apostelen*, Regensburg (1908).

KEPLERI, JOH., *De stella nova in pede Serpentarii,* Prague, (1606), – reimpreso en Kepler *Opera Omnia,* Frankofurti (1863).

- *De Stella Nova. Pars altera,* Frankofurti (1606), – reimpreso en Kepler *Opera Omnia,* Frankofurti (1863).

KIDGER, M. *The Star of Bethlehem. An Astronomer's View.* Princeton University Press, Princeton (1999).

KLAUCK, H. J., *Los Evangelios apócrifos: una introducción*, Santander, (2006).

KRITZINGER, H. H., *Der Stern der Weisen*, Guterboh, (1911).

KUGLER, F. S., *Babilonische Mondrechnung*, Freiburg, (1909).

- Der Stern der Weisen, *Stimmen sus Maria Laach II*, 83, (1919).

LEO, S. *Sermo XXXIV in Phiphaniam*. PL 54.
LESÊTRE, H., *La Sainte Bible: texte de la Vulgate. Traduction française en regard avec commentaire*, Paris, (1897-1931).
MADER, *Testamento de los Doce Patriarcas*.
MARTIN, E., *The Star that Astonished the World*, ASK Publications, Portland, (1998).
MAUNDER, W., *The Astronomy of the Bible*, London, (1909).
MESSINA, C., *Der Ursprung der Magien und die Zarathustrische Religion*, Roma, (1930).
- I Magi a Betlemme, *Biblia e Orientalia*, 3, (1935)
MOLNAR, M., *The Star of Bethlehem: The Legacy of the Magi*, Rutgers Univ. Press, London (1999);
- The Evidence for Aries the Ram as the Astrological Sign of Judea, *Journal for the History of Astronomy*, 34 (2003), 325-327.
MOORE, P., *The Star of Bethlehem*, Canopus, Bath, (2001).
MÜNTER, F., *Der Stern der Weisen*, Hafniae, (1821).
ORIGENES, *Contra Celsum*, 1,58. PG XI, 11, 768 B.
PATRIZI, F.S., *De Evangeliis libri tres*, Friburgi Brisgoviae, (1852-1853).
PFAFF, W., *Das Licht und die Wetgegenden*, Bamberg. (1821).
PESSERICO, *Quanto tempore visse Cristo*, Vicenza, (1920).
PSEUDO-BASILIUS, *Homilia in Sanctam Christi generationem*. PL 31.
REATZ, AU., *Jesus Christ*, Freiburg, (1925).
ROTH, L.M., *De stella a Magis conspecta*. Mayence, (1865).
SCHAUMBERGER, J.B., *Textus cuneiformes de stella magorum?* , Biblica 6, 444-449, (1925).
- Stella Magorum et coniuctio Saturni cum Jove annis 7 aC e 1940-1, *Verbum Domini*, 7, (1940), 294-301.
SCHAUMBERGER, J.B. et SCHOCH, C., Iterum textus cuneiformes de stella magorum?, *Biblica*, 7, 294-301.
SCHIAPPARELLI, G., Lettera dall' 8 gennario 1908, *Ressegna Nazionale*, 1, 5, (1911).
SCHNABEL, P., Der jüngste dateirbare Keilschifttext, *Zeitschrift für Assyriologie* 36, (1924-5), 66-70.
SCHOCH, C., Planetentafeln für jedermann, Berlin, (1927).
SIGISMONDI, C., Mira Ceti and the Star of Bethlehem, *Quodlibet Journal*: Volume 4 Number 1, Winter 2002
SEPP, J.N. (Le docteur Sepp), *La vie de notre Seignieur Jésu-Christ*, Trad. Ch. Sainte-Foi, (1861).
SLOET, D.A.W., *De star der Wijzen*, Bussum, (1920).

STEINMETZER, F.X., Die Geschichte der Gebur und Kindheit Christi und ihr Verhältnis zur babylonischen Mythe, *Neutestamentliche Abhandlungen* 2, (1910) 1 y 93-109.
- Der Stern vom Bethlehem, *Biblische Fragen*, 6, (1913), 3.
STENZEL, A., *Jesus Chruistus und sein Stern*, Hamburg, (1913).
SUETONIUS, Cayo, *De via Caesarum*
TYCHO DE BRAHE, *Opera Omnia*. Frankofurti, (1648).
VEZIN, A., *Das Evangelium Jesus Christi*. Freiburg, (1938)
VIGOUROUX, F.G. Director de *Dictionnaire de la Bible*. Paris, (1891-1912).
VIRGILIUS, *Egloga VI*
WESTBERG, F., *Zur neutestamentlichen Chronologie*. Leipzig, (1911).
WIESEIER, K., *Chronologische Synopse*, Hamburg, (1843)

2. COMENTARIOS AL EVANGELIO DE SAN MATEO

AGUSTÍN, *Obras completas de San... .Edición bilingüe. Escritos Bíblicos. T. XV, XVIII, XXVII, XXVIII.* Comisión responsables: Pío de Luis et al., Madrid
BOVER, J. M., *El Evangelio de San Mateo*, Barcelona, (1946).
BUZY, D. y PIROT, L., *Évengile selon Saint Matthieu et de Saint Marc*, Paris, (1935).
EPIPHANIUS, *Interpretatio Evangeliorum*, Lund, (1939).
FILLION, L.CL., *Évengile selon Saint Matthieu*, Paris, (1903).
JERÓNIMO, *Obras completas*, t.II.. *Comentario a Mateo...* (Introducción, traducción y notas de Virgilio Bejarano), BAC, Madrid, (2002).
JUAN CRISÓSTOMO (1955), *Obras de San......I Homilías sobre el Evangelio de San Mateo (1-45).* Prólogo, texto griego, versión española y notas de Daniel Ruiz Bueno, Madrid. PG LVII
KNABENBAUER, J., *Évengile selon S. Matthieu*, Paris, (1892).
LAGRANGE, M.J., *Evangelio de Nuestro Señor Jesucristo*, Barcelona, (1933).
MALDONADO, J., *Comentarios a los cuatro Evangelios. I Evangelio de San Mateo*, Madrid, (1950).
THEOPHILACTUS DE ACRIDA, *Enarratio in Evangelium Maththei*. PG CXXII-CXXIV.

3. ESTUDIOS SOBRE TEMAS CONEXOS

ARISTOTELES, *Opera omnia. Vol. III. Meteorologicorum libri I-IV*, Paris, (1854).
DION CASIO, *Historia Romana*, Madrid, (2004).

4. DICCIONARIOS Y CONCORDANCIAS

CAMPA MARTÍNEZ, H. DE LA et al., *Diccionario escolar de familias etimológicas*. Edición experimental, Granada, (2009).

CHANTRAINE, P., *Dictionnaire étymologique de la langue grecque. Histoire des mots*, Paris, (1984).

GUERRA GÓMEZ, M., *El idioma del Nueva Testamento. Diccionario estadístico y ambientación lingüística, cultural, teológica, etc. del griego bíblico*, Burgos, (1971).

ROBERTS, E.; PASTOR, B., *Diccionario etimológico indoeuropeo de la Lengua español*, Madrid, (1996).

SCHMOLLER, A., *Handkonkordanz zum Griechischen Neuen Testament, Stuttgart*, (1973).

ZORELL, F., Lexicon Graecum Novi Testamenti, Stuttgart, (1961).

Adoración de los Magos - Duerer, Albrecht – 1511.

www.ingramcontent.com/pod-product-compliance
Ingram Content Group UK Ltd.
Pitfield, Milton Keynes, MK11 3LW, UK
UKHW041835200726
13854UKWH00003BA/1152

9 781471 023972